Ulrich Schaffer Das Leben in dir

Ulrich Schaffer

Das Leben in dir

Edition Schaffer im Kreuz Verlag

Das Leben in dir

In einer Zeit großer Hektik, in der wir hin- und hergezogen werden von vermeintlichen Pflichten, von Erwartungen, die wir an uns selbst haben, von Leistungsdruck, von finanzieller und emotionaler Enge, ist es manchmal schwer, das eigene Leben mit seinen Wünschen und seiner Sehnsucht wahrzunehmen. Es kann dann wirken, als lebe sich unser Leben selbst, und wir wären nur die Zuschauer. Da scheint es mir wichtig, das wieder in sich wachzurufen, bei dem wir uns echt fühlen, und es zu verfolgen. Dabei dürfen wir uns nicht von einem vordergründigen Verständnis von uns selbst verführen lassen. Ich glaube, dass in einem jeden von uns ungehobene Schätze liegen und Träume auf ihre Verwirklichung warten.

Ich verfüge nur über dieses Leben. Nur dieses Leben ist mir wirklich bewusst. Das ist gleichzeitig eine Herausforderung und ein Angebot. Es liegt an mir, aus diesem Leben etwas zu machen. Das ist das spannendste Abenteuer, auf das sich eine jede und ein jeder von uns einlassen kann.

Unter der ungeheuren Flut von Leben,
unter den sechs Milliarden,
die diesen Planeten bevölkern,
ihn ausbeuten, ihn lieben,
vernachlässigen und feiern
und dann wieder verlassen,
gibt es nur ein Leben,
das dir ganz in die Hand gegeben ist,
das du liebst, mit dem du dich quälst
und dessen Kurs du bestimmen kannst.
Deines.

Ganz frei bist du nicht.
Du bist angetreten mit einem Körper,
der die Körper deiner Eltern spiegelt,
und mit einer Seele,
die gleichzeitig ein Resultat deiner Eltern
und eine Reaktion auf sie ist.
Du schwimmst dich frei
und versuchst zu entdecken, wer du bist,
unter all dem Angelernten und dir Aufgedrängten.

Frei bist du nicht, und doch bist du es.
Du entscheidest, wie dein Leben aussehen wird.
Du bist gerufen, das Leben in dir zu entdecken
und es zu gestalten.
Niemand kann es dir nehmen
oder abnehmen.

Es gibt eine Vielzahl von Regungen,
von Wünschen und Träumen,
von Neigungen und Abneigungen,
von Schlüssen, aus Erfahrungen gezogen,
von angenommenen Lehren,
von Gefühlen und Ahnungen,
von Überwindungen und Vernachlässigungen,
die alle ihr Recht auf dich anmelden.
Sie wollen dich formen
und dich bestimmen.
Aber sie alle bestimmen nicht deinen Kurs.
Das tust nur du.

Tust du es,
oder lässt du dich leben?
Erinnere dich,
dass niemand anders als du
dein Leben in der Hand hat.

Geheimnisse ruhen in dir,
die du selbst kaum kennst.
In den Winkeln deiner Seele
stellst du dir vor, ein anderer,
eine andere zu sein.
Du probierst ein anderes Leben an,
verliebst dich in ein Bild von dir,
wie du sein möchtest, wie du sein könntest.
Aber irgendwann musst du wieder
zu dir zurückkehren.

Nimm die Energie,
die in diesen Träumen steckt,
und überlege, wie du etwas davon
– und wenn es nur ein winziges Stück ist –
wahr machen könntest.
Du wirst nicht die Welt retten,
aber vielleicht das Leben eines Menschen
erhellen und verändern.
Das ist der Anfang.

Wir werden versucht,
das Leben anderer zu leben.
Sie sind unsere Helden, unsere Vorbilder,
und wir verlieren uns in ihnen.

In unserem Kopf
leben wir das, was hätte sein können.
Wir verändern unsere Vergangenheit,
um uns eine andere Gegenwart
und Zukunft zu schaffen.

Aber auch du bist Heldin und Held. Du hast
die vielen Prüfungen deines Lebens durchgehalten,
du hast aus deinen Behinderungen etwas gemacht,
du hast deine Ängste bezwungen
und deine Schüchternheit überwunden,
du hast gewagt und gekämpft.
Deine Größe ist eine innere,
die du niemandem beweisen musst.

Das größte Kunststück ist es,
das eigene Leben erfüllt zu leben.
Sag "Ja" zu deiner Vergangenheit,
so gestaltest du deine Zukunft am besten.

Es gibt einen Ort,
da ist alles heil.
Da stehen die Menschen zueinander,
auf den Landschaften liegt ein goldenes Licht,
und die Not ist nur eine Erfindung
der zu schwachen Hoffnung.

Wo ist dieser Ort, fragst du
mit einer Sehnsucht, die älter ist als du.
In dir, in dem Unerforschten in dir –
hast du dir den Ort nicht gerade vorgestellt?
Jede Wirklichkeit beginnt mit der Vorstellung.
Jetzt gilt es nur noch, den Weg dorthin zu finden.

Du musst auf die Anziehungskraft
deiner Wunden achten.
Was uns schmerzt, macht uns heil,
wenn wir hinhören.

Du bist unzufrieden mit deinem Leben,
du hast nicht erreicht,
was du dir erhofft hast.
Es ist anders gekommen,
als du es dir vorgestellt hast.
Viele Möglichkeiten sind verstellt.
Am einfachsten ist es jetzt, aufzugeben.
Das ist die Versuchung,
der Luxus der Hoffnungslosigkeit.

Aber willst du all das, was geworden ist,
dem Untergang übergeben?
Ist es nicht wert, zu erhalten,
was aus dir über die Jahre geworden ist?
Kaum einer hat das Leben,
das er sich erträumt hat.
Innere Größe gewinnen wir,
wenn wir aus dem etwas machen,
was unabänderlich zu sein scheint.
Nicht was uns geschieht,
sondern wie wir damit umgehen,
ist entscheidend.

In der Tiefe unseres Wesens
betet es ohne aufzuhören.
Wir selbst sind der Anruf,
wir selbst sind das Wünschen unseres Geistes,
das Ausstrecken unserer Seele,
die Sehnsucht unseres Körpers nach Berührung.
In jeder Form ist unser Gebet,
das Gebet um Glück und Erfüllung.

In uns gelegt ist ein Bild von dem,
wie es sein könnte, wie es sein müsste.
Eine Vorstellung beseelt uns,
wir sind angeschlossen an den Himmel,
der seinen Segen in unsere Phantasie kippt.

Was wir denken können,
sind die Momente der Freiheit.
Sie wahr zu machen ist unser Auftrag.
Hörst du, was ich bete? Betest du, was ich höre?
Unvergleichlich sind wir, und doch sind wir
über den Himmel in unserer Phantasie
eng miteinander verwandt.
Wollen wir zusammen beten
mit unserem ganzen Wesen
und uns da treffen, wo Leben entsteht
aus dem Geist unserer Sehnsucht?

Lasse dein Leben wie ein Kunstwerk auf.
Kein Kunstwerk fällt vom Himmel,
und Künstlerin oder Künstler
wird man nicht über Nacht.
Es gilt, unser Leben mit viel Liebe zu formen.

Du stehst vor dem Marmorblock,
vor der weißen Leinwand,
vor dem leeren Stück Papier,
du hast das Instrument in der Hand,
auf dem zu spielen du auserkoren bist.

Befreie dich selbst aus dem Marmor,
meißele den Engel, der fliegen will.
Lass durch die Adern des Steines
Blut fließen, warm und lebendig.
Einmalig sind deine innersten Regungen.

Gib dich hinein in die zarten Aquarellfarben,
spüre dir nach, den sanften Pinselstrichen,
aus denen du bestehst,
in der Stille deines Wesens.
Oder spachtele die Farben dick auf –
entdecke, wie bunt du bist
und wie du nach Leben hungerst.

Bringe dich zu Papier,
finde die Worte, die das erfassen,
was du von dir hältst, und das,
was noch träumend gefangen in dir steckt.
Es gibt Worte für das Verwegenste in dir –
sie warten darauf, von dir gefunden zu werden.

Dein Leben hat eine eigene Melodie –
dein Kommen und Gehen,
dein Sprechen und Schweigen,
deine Geduld und dein Eifer,
sie haben einen Rhythmus, nimm ihn ernst.
Findest du den Notenschlüssel für dein Leben?

Gib nicht auf,
an dem Kunstwerk zu arbeiten.
Du würdest dich selbst aufgeben.

Das Leben in dir
ist etwas so Kostbares,
dass du damit vorsichtig umgehen musst.
Es will gewürdigt,
getragen und entwickelt werden,
es will unverwechselbar sein
und nur Ausdruck deiner Person sein
und weder eine Masche
noch einen Zwang spiegeln.

Erfasse die Form deines Wesens,
dieses Leuchten, das es noch nie gab
und nie wieder geben wird.
Alle Nachahmung ist ein Verrat an dir selbst.

*Niemand weiß,
ob wir einen unabänderlichen Kern haben,
der sich behauptet, ganz gleich,
was auch mit uns geschieht.
Bin ich eine Zwiebel,
deren Schichten man abblättert,
bis sie nicht mehr da ist,
oder bin ich eine Frucht mit einem Kern,
auf den man stößt?*

*Beides lässt sich nicht beweisen,
und doch habe ich das Empfinden,
dass ich in manchen Handlungen
zu Hause bin, während andere mir fremd sind.
Ich will mich auf das konzentrieren,
was dem Sinn entspricht, den ich von mir habe.
Ich will mir treu bleiben.*

*Alles in dir beginnt
mit einer kleinen Regung,
mit einer ersten Ahnung.
Wenn du sie nicht achtest,
rührt sich das ungewöhnliche Leben in dir
nicht weiter.
Du musst es hervorlocken
wie ein scheues Tier.*

*Manchmal ist es nur ein Seufzen,
ein Aufatmen, ein Stillwerden,
in dem sich dein Inneres meldet.
Nimm ihn an, den einzelnen Gedanken,
den du an dich selbst richtest,
und höre und erhöre dich selbst.*

Immer, immer,
– kein Tag vergeht, ohne dass es so wäre –,
ist dein Leben umgeben vom Tod.
Er ist der Ring am Finger,
der Löffel im Mund,
die Hand auf deinem Arm,
die Luft, die über dich streicht.

Darin wird dein Leben noch kostbarer.
Du bist eine Überlebende,
ein mutig Überlebender.
Zu bewundern ist, dass du durchhältst
und aus deinem Leben etwas machst.

*Gott hat dir nicht vorgeschrieben,
wer du sein sollst.
Auch er in dir ist voller Erwartung,
was du aus dem Grundstoff machst,
mit dem du angetreten bist.
Sein Plan ist nur, dass du lebst.
Vergrab dich nicht!
Halte dich nicht an die Regeln anderer!
Sei nicht heilig gegen dich selbst,
als ginge es um etwas anderes als dein Leben!*

Du bist zart.
Hast du das vergessen?
Du bist erfinderisch.
Haben sie dir das ausgeredet?
Du bist interessiert.
Ist das im Stress untergegangen?
Du bist auf deine Weise warmherzig.
Hat man es dir falsch ausgelegt?
Du bist nachdenklich.
Gibst du dir dafür genügend Zeit?

Auch was du nicht bist
und wonach du dich sehnst,
gibt deinem Leben Gestalt.
Oft ist nicht das,
was wir erreicht haben,
entscheidend für unseren Weg,
sondern das, wonach wir uns sehnen.
Das, wovon wir träumen, beschreibt uns.

Die Leere, die wir in uns spüren
und die wir zu füllen versuchen,
ist ein wichtiger Anteil unseres Wesens.

Halte fest an deiner Einmaligkeit,
auch wenn du weißt,
dass dein Leben irgendwann vorbei ist
und wenig zurückbleibt.
Wenn wir leben, leben wir
mit tiefen Atemzügen,
mit der ganzen Liebe zu dem, was uns umgibt,
mit dem Einsatz der Unsterblichen.
Und wenn wir sterben, sterben wir,
wechseln hinüber in das große Geheimnis,
in diese andere Form von Sein.
Lass dir nicht das Leben nehmen
durch deine Angst vor dem Tod.

Verlasse die Enge.
Öffne die Tür in einen neuen Raum.
Es ist nicht zu spät,
dich selbst neu zu erfinden.
Wer willst du sein?
Wie willst du leben?
Wie willst du deine Freunde
herausfordern und ermuntern?

Zeig,
dass du noch lange nicht fertig bist
und dass es noch viel an dir zu entdecken gibt.
Sag es zuerst dir selbst
und glaube es.
Die anderen werden es merken.

Zu den Fotos

Umschlag: Indian Paintbrush (Castilleja affinis) auf dem Colorado Plateau, Utah, USA.

Vorsatzpapier: Insel im Pazifik nach Sonnenuntergang, bei Horseshoe Bay, BC, Kanada.

7 In der kargen Landschaft der White Mountains, California, USA. Mir gefiel besonders die Gegenüberstellung des toten und des lebendigen Baumes. Das Bild wurde auf über dreitausend Meter Höhe gemacht.

9 In einem Nebencanyon des Escalante, Utah, USA. Auf der Höhe sieht man das letzte Licht der untergehenden Sonne.

11 Am Wesslinger See, bei Wessling, Bayern, Deutschland.

13 Kleiner Bach bei Miracle Beach, Vancouver Island, BC, Kanada.

15 Die Kreidefelsen von Rügen.

17 In der blühenden Wüste des Organ Pipe Cactus National Monument, Arizona, USA. Das Licht hatte etwas Verklärendes an dem Nachmittag. Die gelben Blumen sind Brittlebush (Encelia farinosa), und der Baum in der Mitte ist ein Palo Verde (Cercidium microphyllum).

19 Blühender Barrel Kaktus (Ferocactus Wislizenii), im Organ Pipe Cactus National Monument, Arizona, USA.

21 Spiegelung in der Sandsteinwüste, in der Nähe der Paria Canyon Wilderness, Utah, USA. Ich habe diese Stelle oft besucht und immer wieder versucht, sie so zu fotografieren, wie ich sie innerlich erlebe. Bei diesem Mal ist es mir gelungen.

24/25 Espen im Frühling, auf Boulder Mountain, Utah, USA. Auch das ist ein Ort, den ich immer wieder besuche.

27 Felsblock bei Sonnenaufgang, in der Nähe von Cataviña, Baja California, Mexiko.

29 An der Pazifikküste in Oregon, USA.

31 Intensive Farben am Boden, in der Nähe von Cataviña, Baja California, Mexiko.

Mexiko

37 Kiefernzapfen mit einer jungen Kiefer, in der Sierra, California, USA.

39 Wunderbare, fließende Linien im Sandstein der Wüste im südlichen Utah, USA.

41 Ahorn in seiner ganzen Pracht bei Sonnenuntergang, Vancouver, BC, Kanada.

42/43 Dunkle Stimmung über dem Pazifik, irgendwo in Oregon, USA.

45 Altes Bauernhaus auf Rügen.

Einen Sinn finden

Unsere Zeit ist gekennzeichnet durch eine Konzentration auf das Negative. Die Medien überschlagen sich, uns das Kaputte und Entleerte zu präsentieren. Bei vielen herrscht eine Hoffnungslosigkeit, die bis in die kleinsten Regungen reicht. Vieles ist angefressen von einer Skepsis, die nichts mehr ernst nimmt und unsere Fähigkeit, zu vertrauen, nur belächelt. Viele scheinen keine Werte zu haben, für die es sich zu leben lohnt. Die Institutionen, in denen wir uns entfaltet haben, sind durch viele Enttäuschungen unglaubwürdig geworden. Ein aggressiver und oft brutaler Ton hat sich unter uns breit gemacht.

Aber so können wir nicht leben, nicht auf Dauer. So höhlen wir uns selbst aus. Viele suchen Zuwendung, erfüllte Werte, spirituelle Zusammenhänge, um leben zu können. Diese Suche möchte ich mit dieser Buchserie unterstützen. In Texten und Bildern und in der ganzen Aufmachung will ich versuchen, Mut zu machen, einen Sinn zu finden, Werte zu setzen, sich zu öffnen für die vielen Wunder, die es in uns und um uns gibt. So wie es große Wut und Zerstörung gibt, so gibt es auch Liebe und Sanftmut. Für jeden Mörder, von dem wir hören, gibt es hundert oder gar tausend Menschen, die in ihrer Liebe, Opferbereitschaft und Zartheit über sich selbst hinauswachsen und Leben schaffen. Auch das ist eine Wirklichkeit dieser Welt, die wir aktiv verstärken können.

Weitere Bände dieser Reihe

Du bist einzigartig

[illegible] jeder von uns einzigartig. Wie finden wir zu uns selbst und zueinander?

Erinnere dich an deine Kraft

Wir alle haben „Zeiten der Kraft“ erlebt, Momente, in denen wir über uns selbst hinausgewachsen sind und einen Weg gefunden haben. Wie können wir uns an die Quellen der Kraft erinnern?

Was uns verbindet

Viele Menschen fühlen sich allein und verlassen. Oft sehen wir aber die Beziehungen, in denen wir stehen und die sich darüber hinaus anbieten, einfach nicht. Wie können wir sie erleben und den Reichtum, den sie bieten, erschließen?

Wege in die Weite

Das Leben lädt uns ein in die Weite. Es gibt eine fast unendliche Zahl von Wegen, die wir gehen können. Wie finden wir Zugang zu der Wahrheit, die hinter der faßbaren, vordergründigen Wirklichkeit liegt?

Ulrich Schaffer

Ich wurde 1942 in Pommern geboren. Nach dem Krieg wohnte unsere Familie bei Bremen, bis wir 1953 nach Kanada auswanderten. Wir wohnten zuerst in der Prärie Albertas und zogen 1955 in den Norden von British Columbia. Dort ging ich zur Oberschule, in einem Ort, umgeben von Wildnis. Dieses Erlebnis von ursprünglicher Landschaft wurde zu einem wichtigen Bestandteil meines Lebens. Immer wieder zieht es mich zurück in Landschaft, die menschenarm ist.

Von 1961 bis 1970 studierte ich deutsche und englische Literatur und arbeitete anschließend als Dozent an einem College bei Vancouver. Seit 1981 bin ich freier Schriftsteller und Fotograf. Mich reizt es immer wieder, Wort und Bild zusammenzubringen. Schreiben und Fotografieren ist für mich eine Orientierungshilfe. Ich schreibe über das, was mir wichtig ist und was ich selbst lernen will. Ich schreibe darum nicht aus einer Abgeklärtheit, sondern als ein Beteiligter, als jemand, der seinen Weg sucht und sich auf diesem Weg mit anderen verbunden fühlt. Seit 1965 bin ich mit Waltraud verheiratet. Wir haben zwei erwachsene Töchter, Kira und Zilya. Vieles in meinem Leben entsteht auf dem Hintergrund dieser und anderer Beziehungen.

Die schönsten Bilder des Jahres

Der großformatige Bildkalender von Ulrich Schaffer verbindet wunderschöne Naturfotos mit ausdrucksstarken meditativen Kurztexten.

„Es gibt innere Bilder, nach denen ich in der Welt um mich suche. Ich suche nach Entsprechungen zwischen innen und außen. Wenn mir die Verbindung besonders gut gelingt, weiß ich, dass ich wieder ein Kalenderbild gemacht habe. Die besten Bilder des Jahres wandern in den Kalender."

(Ulrich Schaffer)

Edition Schaffer im Kreuz Verlag

Die Deutsche Bibliothek - CIP-Einheitsaufnahme

Schaffer, Ulrich
Das Leben in dir / Ulrich Schaffer. - Stuttgart:
Edition Schaffer im Kreuz-Verlag 1997
ISBN 3-7831-1586-8

1 2 3 4 5 01 00 99 98 97

Postfach 80 06 69, 70506 Stuttgart, Tel.: 0711/78 80 30
Texte, Fotos und Gestaltung: Ulrich Schaffer
Aquarellierte Initiale
und graphische Beratung: Friedrich Peter
Umschlag: Friedrich Peter und Ulrich Schaffer
Layout: Ulrich Schaffer, unter Verwendung
des Software-Programms QuarkXPress
Autorenfoto: Zilya Schaffer
Schrift: Galliard
Reproduktionen: GRS, Ludwigsburg
Druck: Franz W. Wesel Druckerei und Verlag
ISBN 3-7831-1586-8